المستوى الأول
الجزء الثاني

المملكة الأردنية الهاشمية

رقم الإيداع لدى دائرة المكتبة الوطنية

٢٠٠٩/١٢/٥٠٨٩

سلسلة تنمية المهارات اللغوية للمبتدئين

دار الصّديق للنشر والتوزيع

صديقي في اللغة العربية

المستوى الأول - الجزء الثاني

تـــأليف

الدكتور   الأستاذة

فخري طمليه   خلود زعبي خصاونة

التدقيق اللغوي: تسنيم عماد شيخ

التصميم

رسومات: رؤى أحمد عبد الكريم

التدقيق والإشراف العام:الدكتور فخري طمليه

قائمة المحتويات

مقدمة

هذا الكتاب من سلسلة تنمية المهارات اللغوية للطلبة المبتدئين، وهي سلسلة تُعنى بتنمية مهارات الطّالب القرائية واللغوية معتمدين على منهجين تربويين في التعليم: يعتمد الأول على مبدأ الكل إلى الجزء، فيقرأ الطالب الكلمات استنادًا إلى الصور بداية، ثم يحفظ شكل الكلمة ويقرؤها وذلك في الوحدتين الأولى والثانية نظرًا لضآلة حصيلة الطالب اللغوية. أما النهج الثاني فيقوم على مبدأ التهجئة، أي الانتقال من الجزء إلى الكلّ، إذ يكون الطالب قد اكتسب عددًا من الأحرف يمكنه من استخدامها لتهجئة وتكوين المفردات الجديدة، فشكلنا منها كلماتٍ ثم جُمَلًا ثم فقرات.

ولتسهيل الأمر على الطّلاب والمدرسين وأولياء الأمور في تعليم وتعلُّم اللغة العربية في ميادينها المختلفة، تم اعتماد أسلوب قد يكون جديدًا منبثقا من كيفية اكتساب اللغة وتعلّمها .

فاكتساب اللغة كما هو معروف يتم من خلال إتقان مهارات متعاضدة متماسكة، هذه المهارات قائمة إتقان التّذكر السّمعيَ النّطقيّ (سماع ونطق الحرف) ثم التذكر البصري (شكل الحرف) ثم التذكر العضلي (كتابة الحرف) .

ولعل أبرز ما يواجه الطّفل في هذه التذكرات، هو التذكر السّمعيَ النّطقيَ، وذلك لأنَّ اللغة في الأصل هي ظاهرة صوتية، وتبدو المشكلة أكثر وضوحًا في تعلّم اللغة العربية لتقارب النطق في بعض الحروف العربية،وتأثرها باللغة المّحكيّة من مثل (ت، ط) (د، ض) (ذ، ظ) (ك، ق) (س، ص) وغيرها .

وكذا الحال في ضرورة أن يتقن الطّفل تذكر أشكال الحروف، لتقاربها في الشّكل من مثل (ب، ت، ث) (ح، ج، خ) (د، ذ) (ر، ز) (س، ش) وغيرها .

وعند إتقان مهارتي السّماع والنطق في تمييز أصوات الحروف والتمييز بين أشكالها المختلفة، يسهل علينا تعليمه كتابة الحرف. (التذكر العضلي) مما يسهل علينا قراءة الكلمات الجديدة، ثم قراءة الجمل، فقراءة الفقرات.

وإذا كان توزيع هذه التذكرات جاء وكأنه منعزل، فذلك من أجل التوضيح، فهي متعاضدة متواكبة ومتكاتفة، لا بد من تحققها معا لبلوغ الهدف .

أرجو أن يكون هذا الجهد المتواضع مفيدًا، وأن يحظى منكم بالقبول

والله ولي التوفيق

الدكتور فخري طمليه

المهارات السّمعيّة والبصريّة والعضليّة

الدَّرْسُ الأَوَّلُ — تَنْوِينُ الْفَتْحِ

أَوَّلًا: التَّذَكُّرُ السَّمْعِيُّ النُّطْقِيُّ:

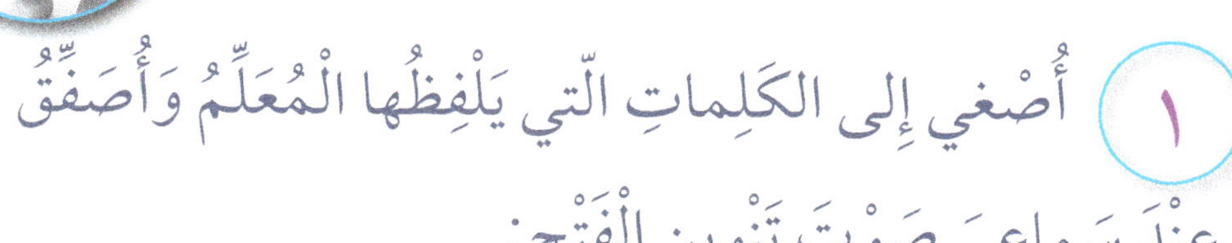

١ أُصْغِي إِلَى الكَلِماتِ الَّتِي يَلْفِظُها الْمُعَلِّمُ وَأُصَفِّقُ عِنْدَ سَماعِيَ صَوْتَ تَنْوِينِ الْفَتْحِ:

كُرَةً   قُبَّعَةً   مِعْطَفًا   ثَلْجٌ

شَتَوِيَّةً   فاتِن   صوفِيَّةً   ثَلْجِيَّةً

٢ أَقْرَأُ جُمَلًا جَدِيدَةً وَأُكافِئُ نَفْسِي وَأَرْسُمُ وَجْهًا باسِمًا فِي الدَّائِرَةِ:

أَكَلْتُ تُفَّاحَةً.   شَرِبْتُ عَصِيرًا.

٣ يَسْأَلُ الْمُعَلِّمُ عَنْ شَيْءٍ يُحِبُّ الأَطْفالُ أَنْ يَأْكُلُوهُ أَوْ يَشْرَبُوهُ:

ماذا أَكَلْتَ؟   ماذا شَرِبْتَ؟

ثالِثًا: التَّذَكُّرُ الْبَصَرِيُّ:

١ أَرْسُمُ دائِرَةً حَوْلَ الْكَلِماتِ الَّتي تَحْوي تَنْوينَ الْفَتْحِ:

دَفْتَرٌ   بَيْتًا   مُفيدٌ   مَلْعَبًا   بِنْتًا

٢ أُضيفُ تَنْوينَ الْفَتْحِ إِلى الْكَلِماتِ الآتِيَةِ، ثُمَّ أَقْرَؤُها:

مَعَ تَنْوينِ الْفَتْحِ (اً)	الْكَلِمَةُ	مَعَ تَنْوينِ الْفَتْحِ (اً)	الْكَلِمَةُ
-------	جَبَلٌ	-------	ثَلْجٌ
-------	شارِعٌ	-------	وَلَدٌ
-------	كُرَةٌ	-------	مُعَلِّمٌ
-------	بَيْتٌ	-------	مَدْرَسَةٌ

٣ أَقْرَأُ، ثُمَّ أُضيفُ تَنْوينَ الْفَتْحِ إِلى الْكَلِماتِ الَّتي تَحْتَها خَطٌّ في الْعَمودِ (أ)، وتَنْوينَ الضَّمِّ إِلى الْكَلِماتِ الَّتي تَحْتَها خَطّانِ في الْعَمودِ (ب):

جَبَل مرتفع -------	بَنى عُمَرُ بَيْت. -------
رَسْم مُمَيَّز -------	رَسَمْتُ عَلَم مُلَوَّن. -------
زَيْت وَزَيْتون -------	رَسَمَ سامِر مَدْرَسَة. -------

الدَّرْسُ الثَّاني   حَرْفُ الْجيمِ

أَوَّلًا : التَّذَكُّرُ السَّمعيُّ النُّطقِيُّ :

١ أُصْغي إِلى الكَلِماتِ الّتي يَلْفِظُها الْمُعَلِّمُ وَأُصَفِّقُ عِنْدَ سَماعِيَ صَوْتَ حَرْفِ (ج):

جُمانَةُ   جَميلَةُ   ماجِدٌ   جاسِمٌ

حَيوانٌ   بُرْجا   يَرْسُمُ

٢ أَقْرَأُ كَلِماتٍ جَديدَةً وَأُكافِئُ نَفْسي وَأَرْسُمُ وَجْهًا باسِمًا في الدّائِرَةِ:

جَزَرٌ   بُرْجا   جَمَلًا

مَسْجِدٌ   جِسْمٌ   جَبَلًا

ثالِثًا: التَّذَكُّرُ الْبَصَرِيُّ :

١ أَقْرَأُ ثُمَّ أَرْسُمُ دائِرَةً حَوْلَ الْكَلِماتِ الَّتي تَحْوي حَرْفَ (ج) وَمُرَبَّعًا حَوْلَ الْكَلِماتِ الَّتي تَحْوي الْحَرْفَ (ح).

جَلالٌ	جامِدٌ	حَيْرانُ

حَلالٌ	حامِدٌ	جيرانٌ

٢ أَحْذِفُ حَرْفَ الْجيمِ مِنَ الْكَلِمَةِ، وَأَكْتُبُ الْكَلِمَةَ النّاتِجَةَ في الْفَراغِ

١ - أَكْتُبُ الْحَرفَ (ج) بِخَطٍّ جَميلٍ مُرَتَّبٍ عَلَى السَّطْرِ:

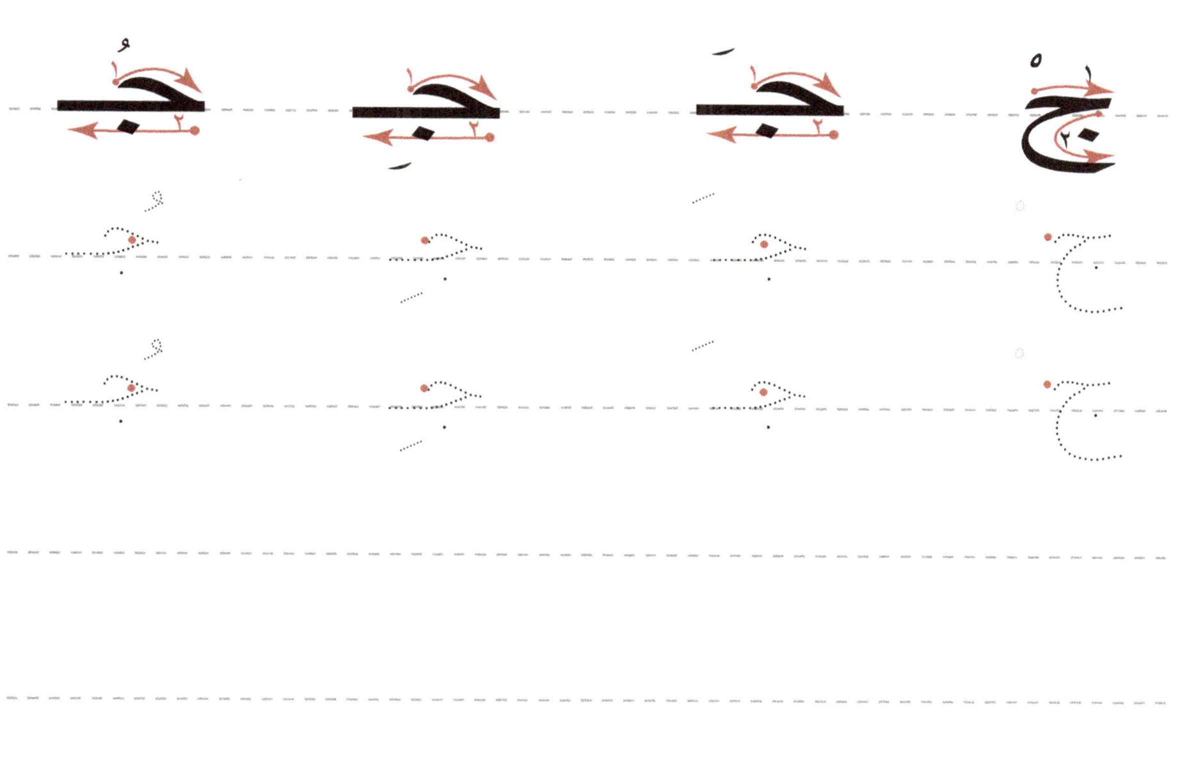

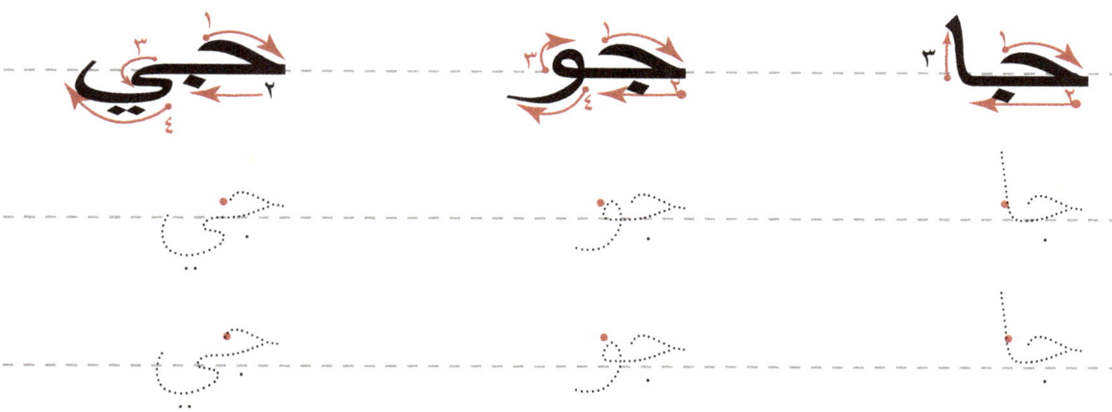

٢ أَكْتُبُ شَكْلَ حَرْفِ (ج) مَعَ الْحَرَكَةِ الْمُناسِبَةِ في الْفَراغِ، ثُمَّ أَقْرَأُ:

📖 هذِهِ حَديقَةٌ ...ميلَةٌ.   📖 ...دّي رَ...لُ شُـ...اعٌ

📖 ما.....دٌ وَسيمٌ.   📖 هذا الْبُرْ... مُرْتَفِعٌ.

٣ أَكْتُبِ الْكَلِمَةَ الْمُناسِبَةَ في الْفَراغِ مُسْتَعينًا بِالصّورَةِ

أَنا أُحِبُّ .... وَ ....

٤ أَكْتُبُ في الْفَراغِ الْكَلِمَةَ الدّالَّةَ عَلى الصّورَةِ كَما في الْمِثالِ:

____

جِسْر

‫_ _ _ _ _ _ _‬ ‫_ _ _ _ _ _ _‬ ‫_ _ _ _ _ _ _‬

٥ أَكْتُبُ كَلِمَتَيْنِ:

في آخِرِهِما حَرْفُ الْجيمِ	في وَسَطِهِما حَرْفُ الْجيمِ	تَبْدَآنِ بِحَرْفِ الْجيمِ

‫_ _ _ _ _ _ _ _ _‬ ‫_ _ _ _ _ _ _ _ _‬ ‫_ _ _ _ _ _ _ _ _‬

‫_ _ _ _ _ _ _ _ _‬ ‫_ _ _ _ _ _ _ _ _‬ ‫_ _ _ _ _ _ _ _ _‬

الدَّرْسُ الثَّالِثُ حَرْفُ الثَّاءِ

ث ث ث
ث ث ث
حَرْفُ الثَّاء

أَوَّلًا: التَّذَكُّرُ السَّمْعِيُّ النُّطْقِيُّ:

١ أُصْغِي إِلى الْكَلِماتِ الَّتِي يَنْطِقُها الْمُعَلِّمُ وَأُصَفِّقُ عِنْدَ سَماعِيَ صَوْتَ الْحَرْفِ (ث).

ثابِتٌ عاجٌ بُثَيْنَةُ ثُعْبانٌ فِيلٌ بَيْتٌ ثَلاثَةٌ

٢ أَقْرَأُ كَلِماتٍ جَدِيدَةً وَأُكافِئُ نَفْسِي وَأَرْسُمُ وَجْهًا باسِمًا فِي الدّائِرَةِ:

ثابِتٌ ثَمَرٌ بُثَيْنَةُ ثَلْجٌ ثَوْبٌ

ثانيًا: التَّذَكُّرُ الْبَصَرِيُّ :

١) أَقْرَأُ ثُمَّ أَرْسُمُ دائِرَةً حَوْلَ الْكَلِماتِ الَّتي تَحْوي حَرْفَ (ث) وَمُرَبَّعًا حَوْلَ الْكَلِماتِ الَّتي تَحْوي الْحَرْفَ (ت).

ثامِرٌ	تامِرٌ	ثُعْبانٌ	تَعبانٌ	ثَمَرٌ	تَمْرٌ

٢) أَرْسُمُ دائِرَةً حَوْلَ حَرْفِ الثَّاءِ:

ب   ن   ث   ت   ن   ب   ث   ت   ث   ي   ث

٣) أَقْرَأُ الْكَلِمَاتِ الآتِيَةَ، وَأَرْسُمُ دائِرَةً حَوْلَ الْكَلِمَةِ الَّتي تَحْوي حَرْفَ الثَّاءِ:

نَباتٌ	بَناتٌ	ثَباتٌ

نَوْمٌ	ثَوْمٌ	يَوْمٌ

ثالثًا : التَّذَكُّر الْعَضَليّ :(الْـكتابَةُ):

١ أَكْتُبُ الْحَرْفَ(ث) بِخَطٍّ جَميلٍ مُرَتَّبٍ عَلى السَّطْرِ:

ثْ ثَ ثِـ ثُـ

ثا ثو ثي

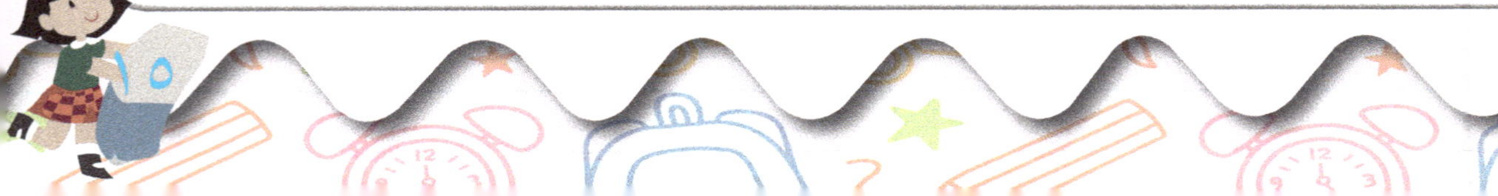

٢ أَقْرَأُ الْكَلِماتِ الْآتِيَةَ، ثُمَّ أُلَوِّنُ حَرْفَ الثَّاءِ بِاللَّوْنِ الَّذي أُحِبُّ.

ثَعْلَبٌ   مُثَلَّثٌ   ثَوْبٌ   ثَوْرٌ   بَيْتٌ   ثَلْجٌ

٣ أَمْلَأُ الْفَراغَ بِشَكْلِ حَرْفِ الثَّاءِ الْمُناسِبِ (ثـ، ث)، ثُمَّ أَلْفِظُ كَما في الْمِثالِ:

....مارٌ   ....وْبٌ   ....ـعْلَبٌ   مُ....ـلَّـ....   ثَوْرٌ

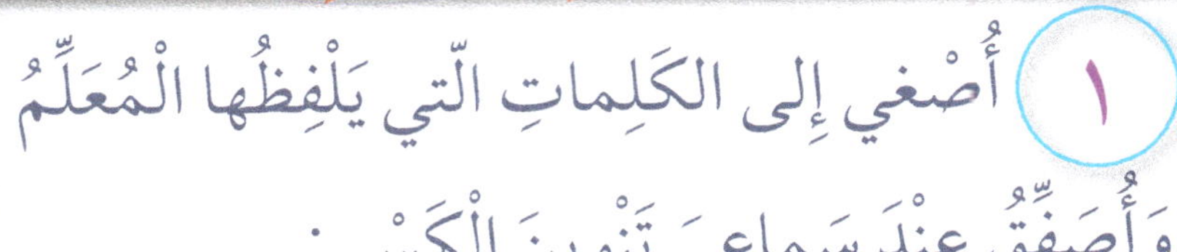

الدَّرْسُ الأَوَّلُ

أَوَّلًا: التَّذَكُّرُ السَّمْعِيُّ النُّطْقِيُّ:

١  أُصْغِي إِلى الكَلِماتِ الَّتي يَلْفِظُها الْمُعَلِّمُ وَأُصَفِّقُ عِنْدَ سَماعِي تَنْوينَ الْكَسْرِ:

جَميلَةٍ	سَريعٌ	جَميلَةً	سَريعٌ	بُسْتانٌ	بُسْتانٍ

٢ أُصْغِي إِلى الْجُمَلِ الَّتي يَلْفِظُها الْمُعَلِّمُ، وَأُرَكِّزُ عَلى صَوْتِ تَنْوينِ الْكَسْرِ:

> سَبَحَ رامي في بُحَيْرَةٍ جَميلَةٍ.
>
> رَكِبَ خالِدٌ عَلى فَرَسٍ سَريعَةٍ.

ثانِيًا: التَّذَكُّرُ الْبَصَرِيُّ:

أَقْرَأُ ثُمَّ أَرْسُمُ دائِرَةً حَوْلَ الْكَلِماتِ الَّتي تَحْوي تَنْوينَ الْكَسْرِ:

> الْبُلْبُلُ عَلى شَجَرَةٍ عالِيَةٍ.
>
> أَكَلْتُ تُفّاحَةً كَبيرَةً.
>
> دَرّاجَتي سَريعَةٌ.

ثالِثًا : التَّذَكُّرُ الْعَضَلِيُّ :

١ أُضيفُ تَنْوينَ الْكَسْرِ إِلى الْكَلِماتِ الْآتِيَةِ بَدَلًا مِنْ تَنْوينِ الضَّمِّ، ثُمَّ أَقْرَؤُها:

الْكَلِمَةُ	مَعْ تَنْوينِ الْكَسْرِ (ـٍ)	الْكَلِمَةُ	مَعْ تَنْوينِ الْكَسْرِ (ـٍ)
ثَلْجٌ		جَبَلٌ	
وَلَدٌ		شارِعٌ	
مُعَلِّمٌ		كُرَةٌ	

٢ أَسْتَمِعُ إِلى مُعَلِّمَتي أَثْناءَ قِراءَتِها لِيَوْمِيّاتِ رامي، ثُمَّ أَكْتُبُ الْكَلِماتِ الْمُنَوَّنَةَ في الْعَمودِ الْمُناسِبِ:

في يَوْمٍ جَميلٍ فيهِ شَمْسٌ مُشِعَّةٌ، سِرْتُ إِلى بُسْتانٍ جَميلٍ، فيهِ أَشْجارٌ مُتَنَوِّعَةٌ، تَناوَلْتُ مِنْ شَجَرَةٍ حَبَّةَ تُفّاحٍ، وَتَناوَلْتُ مِنْ شَجَرَةٍ أُخْرى حَبَّةَ خَوْخٍ، ثُمَّ دَخَلْتُ الْبَيْتَ مَسْرورًا فَرِحًا .

❀ تَنْوينُ الْكَسْرِ	❀ تَنْوينُ الضَّمِّ	❀ تَنْوينُ الْفَتْحِ

الدَّرْسُ الثَّاني

١ أُصْغي إِلى الكَلِماتِ الّتي يَلْفِظُها الْمُعَلِّمُ وَأُصَفِّقُ عِنْدَ سَماعِيَ صَوْتَ الْحَرْفِ (ط):

بَيْتٌ	حَطَبٌ	بَطاطا	نَشاطٌ	الْمَطَرُ

نَباتاتٌ	فَطورٌ	تَرْسُمُ	طارِقٌ

٢ أَقْرَأُ كَلِماتٍ جَديدَةً وَأُكافِئُ نَفْسي وَأَرْسُمُ وَجْهًا باسِمًا في الدّائِرَةِ:

طِفْلٌ	طَبْلٌ	بِطّيخٌ	طَوابِعُ	طاوِلَةٌ

ثانِيًا : التَّذَكُّرُ الْبَصَرِيُّ :

١ أَقْرَأُ الْكَلِماتِ الْآتِيَةَ، ثُمَّ أَرْسُمُ دائِرَةً حَوْلَ حَرْفِ الطّاءِ:

نَشيطٌ   الْمَطَرُ   طابَعٌ   الْقِطارُ   الْمَطارُ

٢ أَحْذِفُ حَرْفَ (ط) في الْكَلِماتِ الْآتِيَةِ لِأَحْصُلَ عَلى كَلِمَةٍ جَديدَةٍ

ثالثًا: التَّذَكُّر الْعَضَليّ :(الْكتابةُ):

١ أَكْتُبُ الْحَرْفَ (ط) بِخَطٍّ جَميلٍ مُرَتَّبٍ عَلَى السَّطْرِ:

ط ط ط ط ط ط ط

ط ط ط

ط ط ط

طي طو طا

طي طو طا

٢ أَكْتُبُ كَلِمَتَيْنِ:

تَبْدَأانِ بِحَرْفِ الطّاءِ	في وَسَطِهِما حَرْفُ الطّاءِ	في آخِرِهِما حَرْفُ الطّاءِ
ـــــــــــــ	ـــــــــــــ	ـــــــــــــ
ـــــــــــــ	ـــــــــــــ	ـــــــــــــ

٣ أَمْلأُ الْفَراغَ بِما يُناسِبُ (ت)(ط):

ساعَدَ.... فا...مَةُ أُمَّها في إِعْدادِ ...عامِ الْعَشاءِ، ثُمَّ

وَضَعَ... الـ...ـعـامَ عَلى الـ...اوِلَةِ. وَنامَ.... في

السَّريرِ ...حْلُمُ بِالْمَدْرَسَةِ.

٤ أَنْظُرُ إِلى الصَّوَرِ الآتِيَةِ، ثُمَّ أَكْتُبُ الْحَرْفَ النّاقِصَ بِرَسْمِهِ الصَّحيحِ:

...ـبْلٌ

بَـ...ـةٌ

..ـفّاحٌ

...فْلٌ

...ـمْساحٌ

بـ...ـريقٌ

.....ـينٌ

.....ـينٌ

الدَّرْسُ الثَّالِثُ أُحِبُّ جَدِّي

أَوَّلًا: التَّذَكُّرُ السَّمْعِيُّ النُّطْقِيُّ:

١   أُصْغِي إِلَى الْكَلِمَاتِ الَّتِي يَلْفِظُهَا الْمُعَلِّمُ وَأَصْفِقُ عِنْدَ سَمَاعِيَ صَوْتَ الْحَرْفِ (خ)

جَمِيلٌ   نَخْلَةٌ   خَوْخٌ   بِنْتٌ   خَرُوفٌ

خِيَارٌ   سَاخِنٌ   جَدِّي   خَسٌّ

٢   أَقْرَأُ جُمَلًا جَدِيدَةً وَأُكَافِئُ نَفْسِي وَأَرْسُمُ وَجْهًا بَاسِمًا فِي الدَّائِرَةِ:

خِيَارٌ   خَسٌّ   خَالَتِي   خَالِي   خَاتِمٌ

ثَانِيًا: التَّذَكُّرُ الْبَصَرِيُّ:

أَقْرَأُ لِكَلِمَاتِ الْآتِيَةَ، ثُمَّ أَرْسُمُ دَائِرَةً حَوْلَ حَرْفِ الْخَاءِ:

حِمَارٌ   خَيْمَةٌ   جِبَالٌ   خَرُوفٌ

خَاتَمٌ   مَخْبَزٌ   خَوْخٌ

ثالثًا: التَّذَكُّرُ الْعَضَلِيُّ :

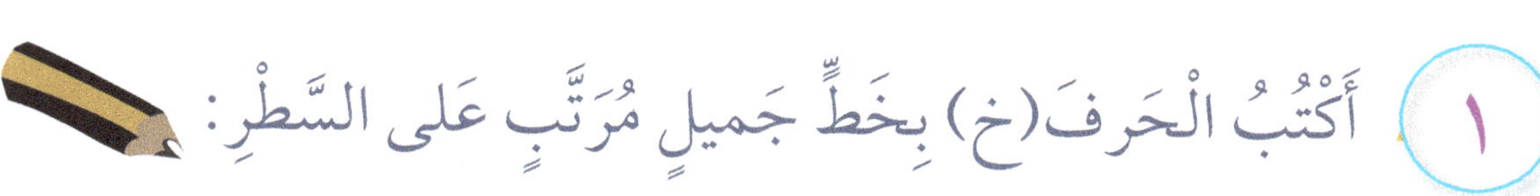

١ أَكْتُبُ الْحَرفَ (خ) بِخَطٍّ جَميلٍ مُرَتَّبٍ عَلى السَّطرِ :

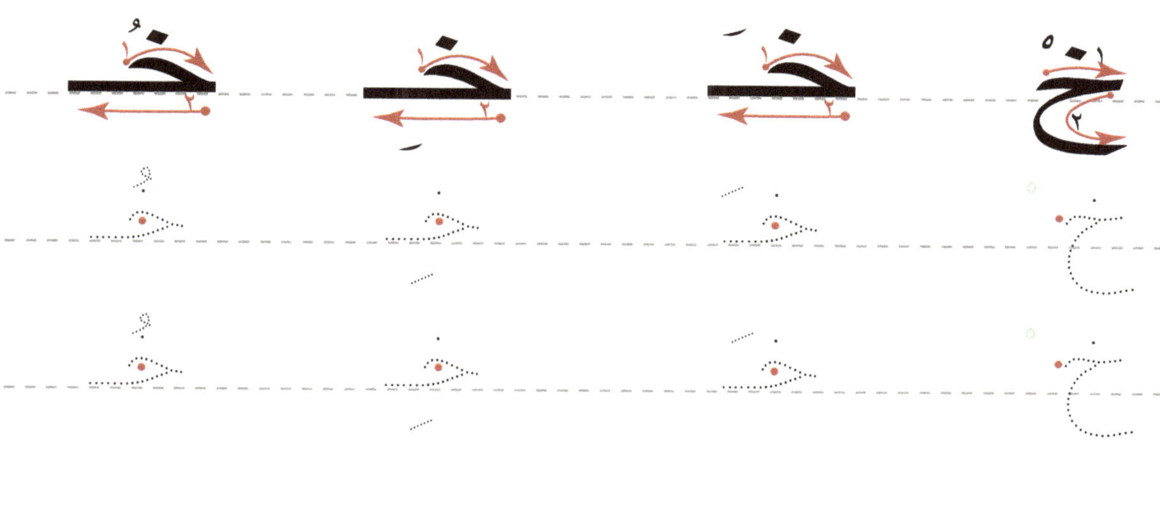

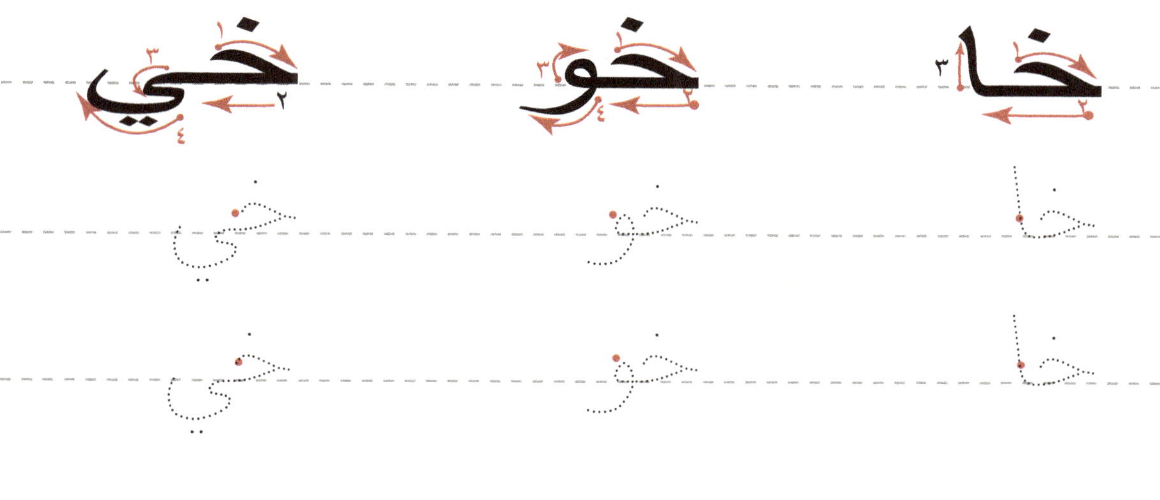

٢ أَكْتُبُ شَكْلَ حَرْفِ الْخاءِ مَعَ الْحَرَكَةِ الْمُناسِبَةِ في الْفَراغِ، ثُمَّ أَقْرَأُ:

مَطْبَ.... ....يْمَةٌ ....اتَمٌ مَ....بَزٌ ....الِدٌ

الدَّرْسُ الأَوَّلُ

١ أُصغِي إِلى الكَلِماتِ الّتي يَلْفِظُها الْمُعَلِّمُ وَأُصَفِّقُ عِنْدَ سَماعِيَ صَوْتَ الْحَرْفِ (ك):

قَلْبٌ	الْكَثيرُ	الطَّعامُ	كِتابٌ
كَمالٌ	كَريمٌ	قَلَمٌ	مَكْتبة

٢ أَقرَأُ كَلِماتٍ جَديدَةً وَأُكافِئُ نَفْسي وَأَرْسُمُ وَجْهًا باسِمًا في الدّائِرَةِ:

كِتابٌ	كَبيرَةٌ	كَثيرَةٌ	كَريمٌ	كَمالٌ

١ أَلَوِّنُ الْوَرْدَةَ أَسْفَلَ الْكَلِمَةِ الّتي تَحْتَوي عَلى حَرْفِ (ك) باللَّوْنِ الأَحْمَرِ:

كُتُب	كَعْك	ثاني	كَوْكَب	شَوْك	مُكَعَّب

٢ رامِي يُحِبُّ اللَّعِبَ بِالْحُروفِ والْكَلِماتِ، يَوَدُّ أَنْ يَشْطُبَ حَرْفَ (ك) مِنَ الْكَلِماتِ الْآتِيَةِ، لِنُساعِدْ رامِي في مَهَمَّتِهِ، وَنَكْتُبِ الْكَلِمَةَ النّاتِجَةَ ثُمَّ نَقْرَأُها:

رابِعًا : التَّذَكُّرُ الْعَضَلِيُّ :

١ أَكْتُبُ الْحَرفَ (ك) بِخَطٍّ جَميلٍ مُرَتَّبٍ عَلَى السَّطْرِ:

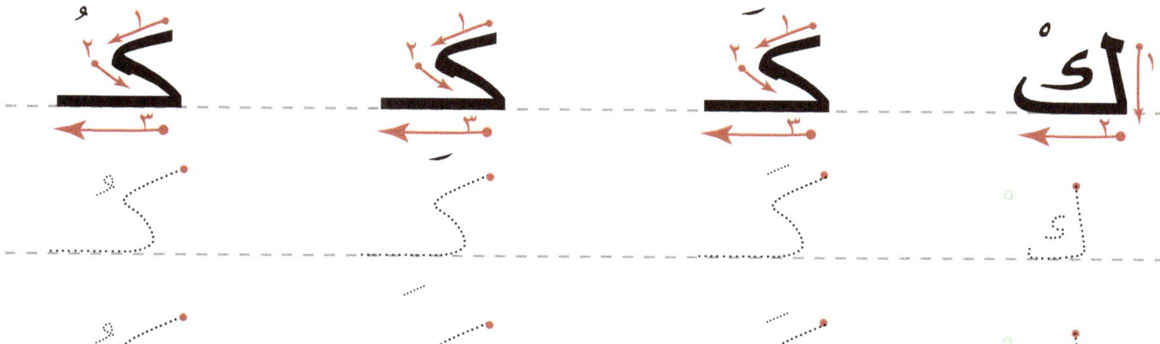

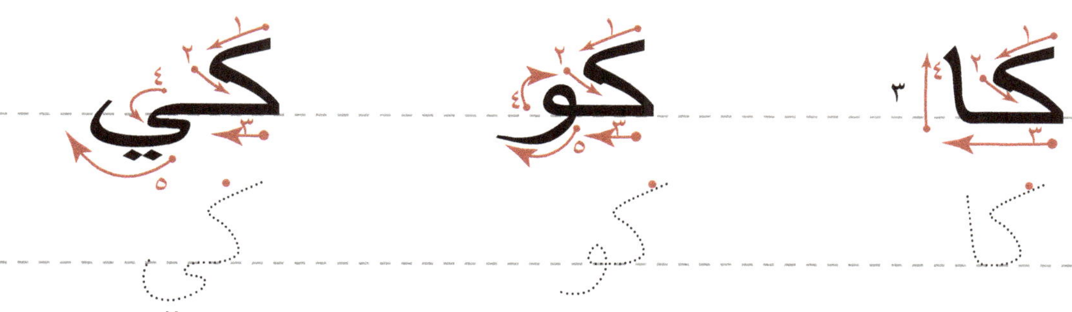

٢ أَخْتارُ الشَّكْلَ الصَّحيحَ لِلْحَرْفِ (ك، كـ) مَعَ الْحَرَكَةِ الْمُناسِبَةِ (ـَ، ـِ، ـُ) إِنْ لَزِمَ، ثُمَّ أَمْلَأُ بِهِ الْفَراغَ:

كَتْـ...وتٌ   ...تابٌ   ...تُبٌ   شَوْ...   ...ـرسِيٌّ

ذ ذ

الدَّرْسُ الثّاني

ثانِيًا: التَّذَكُّرُ السَّمعيّ، النُّطقيّ:

١ أُصْغي إِلى الْكَلِماتِ الّتي يَلْفِظُها الْمُعَلِّمُ وَأُصَفِّقُ عِنْدَ سَماعِيَ صَوْتَ الْحَرْفِ (ذ)

مُنْذِرٌ   الْكَرامَةُ   ذَكِيٌّ   الإِذاعَةِ   الْمَدْرَسَةُ   ذِكْرى   الْمُشارَكَةِ

٢ أُسَمّي كَلِماتٍ تَحْتوي حَرْفَ الذّال (ذ):

٣ أَلَوّنُ الْوَرْدَةَ أَسْفَلَ الْعُضْوِ الّذي يَحْتَوي حَرْفَ الذّال (ذ):

أُذُنٌ   يَدٌ   لِسانٌ   عَيْنٌ   أَنْفٌ

٤ أَقْرَأُ جُمَلًا جَديدَةً وَأُكافِئُ نَفْسي وَأَرْسُمُ وَجْهًا باسِمًا في الدّائِرَةِ:

هذا وَلَدٌ ذَكِيٌّ	هذِهِ ذِكْرى جَميلَةٌ
هذِهِ إِذاعَةُ مَدْرَستي	هذِهِ ذُرَةٌ لَذيذَةٌ

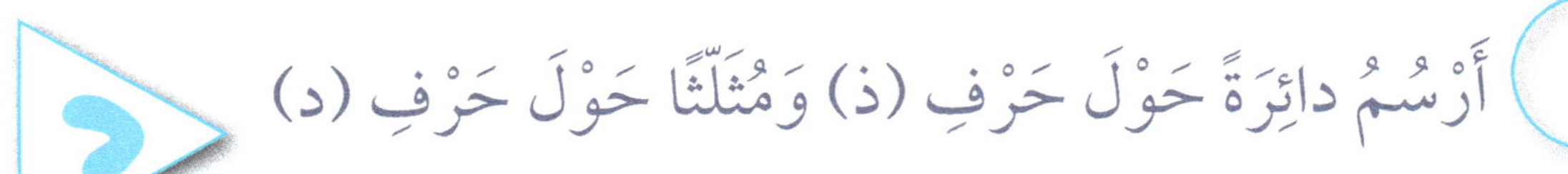

ثالِثًا : التَّذَكُّرُ الْبَصَرِيّ :

١ أَرْسُمُ دائِرَةً حَوْلَ حَرْفِ (ذ) وَمُثَلَّثًا حَوْلَ حَرْفِ (د)

داري   عَذْبٌ   ذابَ   دُبٌّ

٢ أَنْظُرُ إِلَى الصّورَةِ وَأُلَوِّنُ الدّائِرَةَ الَّتي تَحْتَوي الْحَرْفَ الَّذي تَبْدَأُ بِهِ الصّورَةُ

ز ر ذ د

ز ر ذ د

ز ر ذ د

ز ر ذ د

رابِعًا : التَّذَكُّرُ الْعَضَليّ : الْكِتابة

١ أَكْتُبُ الْحَرفَ (ذ) بِخَطٍّ جَميلٍ مُرَتَّبٍ عَلى السَّطْرِ :

ذُ   ذَ   ذَ   ذِ

ذا   ذو   ذي

٢ أَكْتُبُ حَرْفَ (ذ) بِشَكْلِهِ الْمُناسِبِ في الْفَراغِ، ثُمَّ أَقْرَأُ .

هَذا مُنْـ...رُ ، يَلْبِسُ حِـ...اءً جَديدًا ، يَجْلِسُ بِحُبٍّ ، وَيَتَحَدَّثُ عَنْ

...كْرَياتِهِ، مُنْـ...رُ تِلْميـ...ـ...كِيٌّ

الدَّرْسُ الثَّالِثُ   حَرْفُ القافِ

حَرْفُ القافِ
ق ق
ق

أَوَّلًا: التَّذَكُّرُ السَّمعيُّ النُّطقيُّ:

١ أُصغي إِلى الكَلِماتِ الَّتي يَلْفِظُها الْمُعَلِّمُ وَأُصَفِّقُ عِنْدَ سَماعِيَ صَوْتَ الْحَرْفِ (ق):

قام	بَيْتٌ	نُراقِبُ	مَقاعِد
كَلْبٌ	قَلْبٌ	الْقَلَقَ	بِقُوَّةٍ

٢ أَقْرَأُ جُمَلًا جَديدَةً وَأُكافِئُ نَفْسي وَأَرْسُمُ وَجْهًا باسِمًا في الدَّائِرَةِ:

* مِطْرَقَةُ جَدّي.   * أَشْعُرُ بِالْقَلَقِ.

* لا أُحِبُّ الْعَقْرَبَ.   * الْمَقاعِدُ مُريحَةٌ

ثانِيًا : التَّذَكُّرُ الْبَصَرِيُّ :

١ أَرْسُمُ دائِرَةً حَوْلَ حَرْفِ (ق).

قال   قَلِقَ   قالَتْ   فارِسٌ   قَليلٌ   لَقْلَقَ

٢ أَقْرَأُ ثُمَّ أُلَوِّنُ الشَّكْلَ الَّذي يَحْتَوي كَلِمَةً فيها حَرْفُ (ق) بِاللَّوْنِ الْأَخْضَرِ، وَالشَّكْلَ الَّذي يَحْتَوي كَلِمَةً فيها حَرْفُ (ف) بِاللَّوْنِ الْأَصْفَرِ:

فُلْفُلٌ   عَقْرَبٌ   فاتِن   قادِرٌ   فادي   فَراوْلَة

٣ أَحْذِفُ حَرْفَ (ق) مِنَ الْكَلِماتِ الْآتِيَةِ، فَأَحْصُلُ عَلَى كَلِمَةٍ جَديدَةٍ، أَكْتُبُها، ثُمَّ أَقْرَأُ، كَما في الْمِثالِ:

قِطارٌ   ←   طار _ _ _ _

عَقْرَبٌ   ←   _ _ _ _ _ _

قَدَمٌ   ←   _ _ _ _ _ _

طارِقٌ   ←   _ _ _ _ _ _

ثالثًا : التَّذَكُّرُ الْعَضَليّ : / الْكِتابَة

١ أَكْتُبُ الْحَرْفَ (ق) بِخَطٍّ جَميلٍ مُرَتَّبٍ عَلى السَّطْرِ :

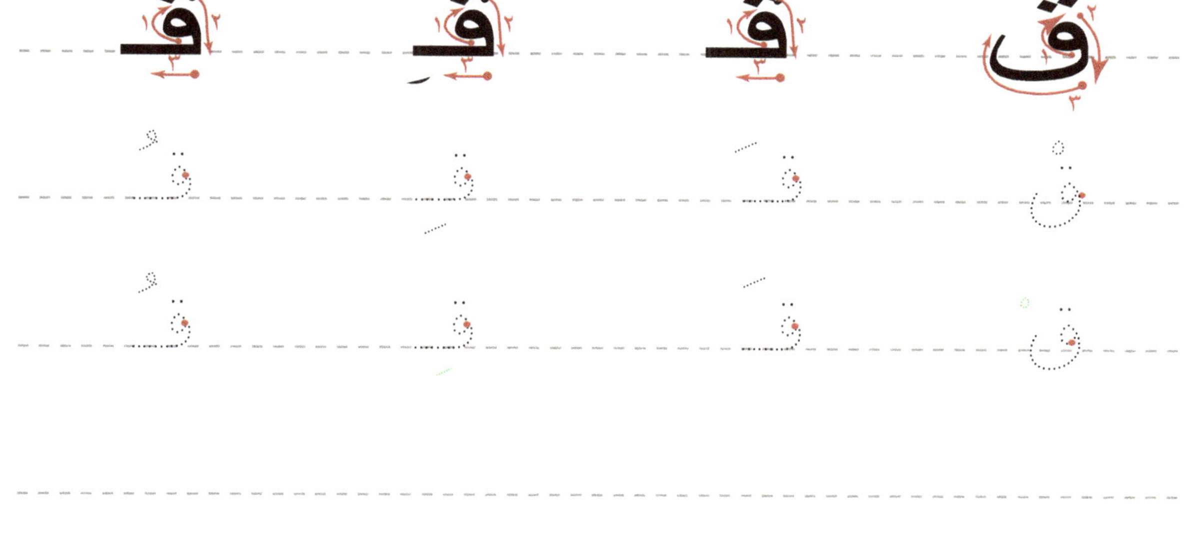

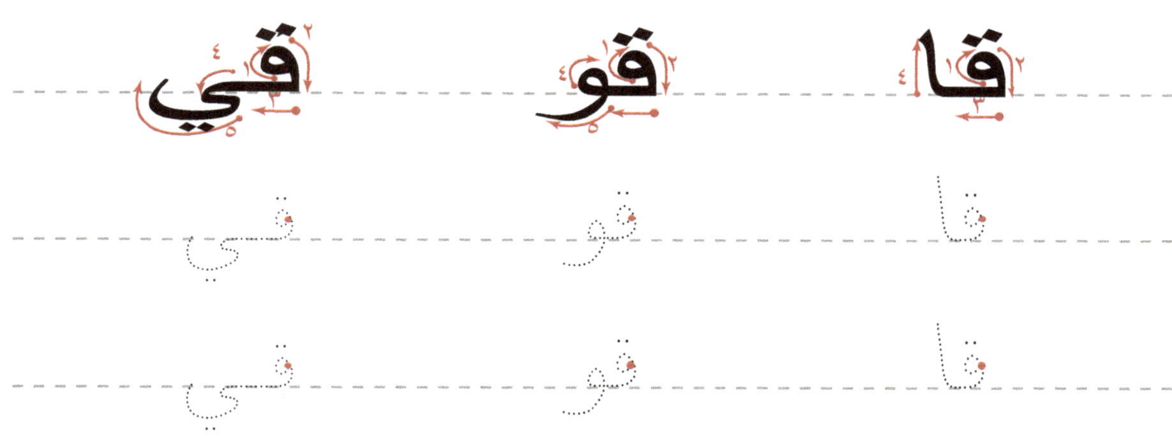

٢ أَكْتُبُ كَلِمَتَيْنِ:

في آخِرِهِما حَرْفُ الْقافِ	في وَسَطِهِما حَرْفُ الْقافِ	تَبْدَأانِ بِحَرْفِ الْقافِ
------------	------------	------------
------------	------------	------------

٣ أَقْرَأُ الْكَلِماتِ التّالِيَةَ وَأَضَعُ حَرْفَ الْقافِ بِشَكْلِهِ الصّحيحِ في الْفَراغِ:

❁ أَشْر...تِ الشَّمْسُ .

❁ أَكْتُبُ بِالـ...لَمِ .   ❁ الـ...مَرُ بَدْرٌ .

❁ الـ...طارُ سَريعٌ .   ❁ زُرْتُ الْـ...دْسَ .

الدَّرْسُ الرّابِعُ

الشَّدَّةُ

ﻼ

أَوَّلًا : التَّذَكُّرُ الْبَصَرِيُّ :

📖 أَرْسُمُ دائِرَةً حَوْلَ الْحَرْفِ الَّذي يَحْتَوي عَلَى حَرْفٍ مُشَدَّدٍ

سُلَّم   الدَّرَّاجَةُ   الصَّيْفُ   الْأُمُّ

❓ أُلاحِظُ :

الشَّدَّةَ عَلَى الْحَرْفِ، وَتَعْني لَفْظَ الْحَرْفِ مَرَّتَيْنِ، الْأَوَّلُ ساكِنٌ والثّاني مُتَحَرِّكٌ

ثانِيًا : التَّذَكُّرُ الْعَضَلِيُّ / الْكِتابَةُ

١ أَنْتَبِهُ إِلَى الْمُعَلِّمِ وَهُوَ يَكْتُبُ شَكْلَ الشَّدَّةِ فَوْقَ الْحَرْفِ في الْكَلِماتِ الْآتِيَةِ :

طيّارة   سمّاعة   سيّارة   معلّم   دراجة

٢ أَقْرَأُ ما يَأْتي وَأَكْتُبُ الْكَلِمَةَ الْمُناسِبَةَ لِأُشَكِّلَ جُمْلَةً مُفيدَةً كَما في الْمِثالِ

١- رمي .عَلَّمَ...... سامِرًا قَواعِدَ لُعْبَةِ كُرَةِ السَّلَّةِ   عَلَمَ

٢- رَسَمَ سامِرٌ .... بِلادِهِ .   عَلَّمَ

٣- رَمى الصَّيادُ .... لِيَصيدَ السَّمَكَ   الشَّباكَ

٤- فَتَحَ الصَّيادُ .... في الصَّباحِ   الشُّباكَ

٥- .... مُحَمَّدٌ دَرْسَهُ   دَرَسَ

٦- .... الْمُعَلِّمُ تَلاميذَهُ   دَرَّسَ

٧- .... جَدّي الْأَشْجارَ   قَلَمُ

٨- .... جَدّي جَميلٌ   قَلَّمَ

٣ أَقْرَأُ الْجُمَلَ الْآتِيَةَ وَأَكْتُبُ الشَّدَّةَ حَيْثُ يَلْزُمُ عَلَى الْكَلِمَةِ الْمُلَوَّنَةِ :

❀ سَلَّمْتُ عَلَى عَمّي الْمُسافِرِ .   ❀ سلمت يَداكِ يا جَدَّتي .

❀ وَقَعَ سامِرٌ عَلَى الْأَرْضِ .   ❀ وقع الْمُديرُ الْوَرَقَةَ .

❀ سَبَحَ مُحَمَّدٌ في الْبَحْرِ .   ❀ سبح بِحَمْدِ رَبِّكَ الَّذي خَلَقَ .

الدَّرْسُ الْأَوَّلُ

أَوَّلًا: التَّذَكُّرُ السَّمْعِيُّ النُّطْقِيُّ:

(١) أُصْغي إِلى الْكَلِماتِ الّتي يَلْفِظُها الْمُعَلِّمُ وَأُصَفِّقُ عِنْدَ سَماعِيَ صَوْتَ الْحَرْفِ (هـ):

| أَزْهارٌ | زاهِيَةٌ | الرَّبيعُ | سُهولٌ | أَجْمَلَ | هَذِهِ | الْعَليلُ |

(٢) أَقْرَأُ جُمَلًا جَديدَةً وَأُكافِئُ نَفْسي وَأَرْسُمُ وَجْهًا باسِمًا في الدَّائِرَةِ:

❀ هُدْهُدٌ جَميلٌ.   ❀ أَزْهارٌ مُلَوَّنَةٌ.

❀ هِنْدٌ وَهاني وَهادي وَهِيامٌ يُحِبّونَ فَصْلَ الرَّبيعِ.

ثانِيًا: التَّذَكُّرُ الْبَصَرِيُّ:

(١) يَقْرَأُ الْمُعَلِّمُ الْجُمَلَ الْآتِيَةَ، وَأَنْتَبِهُ إِلى شَكْلِ حَرْفِ الْهاءِ وَصَوْتِهِ.

اسْمُ أُخْتي سِهامٌ.	هِرَّتي جَميلَةٌ.
وَجْهُ أُمّي مُشْرِقٌ.	لَوْنُ الْوَرَدَةِ زَهْرِيٌّ.

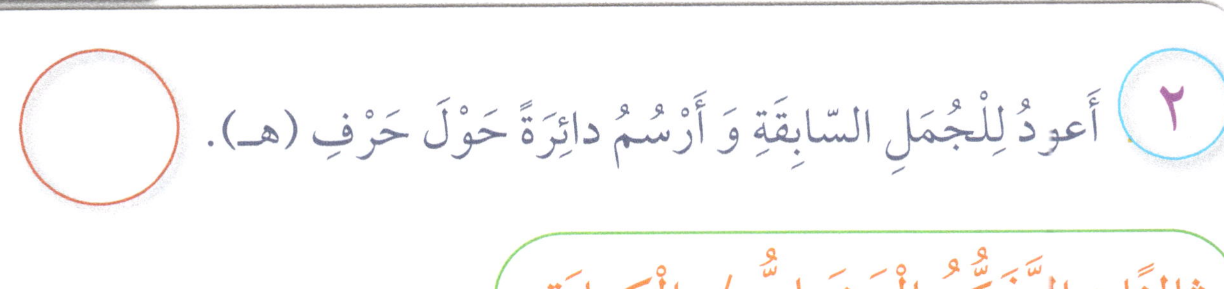

٢ أَعودُ لِلْجُمَلِ السّابِقَةِ وَ أَرْسُمُ دائِرَةً حَوْلَ حَرْفِ (هـ).

ثالثًا : التَّذَكُّرُ الْعَضَلِيُّ / الْكِتابة

١ أَكْتُبُ الْحَرفَ (هـ) بِخَطٍّ جَميلٍ مُرَتَّبٍ عَلَى السَّطْرِ:

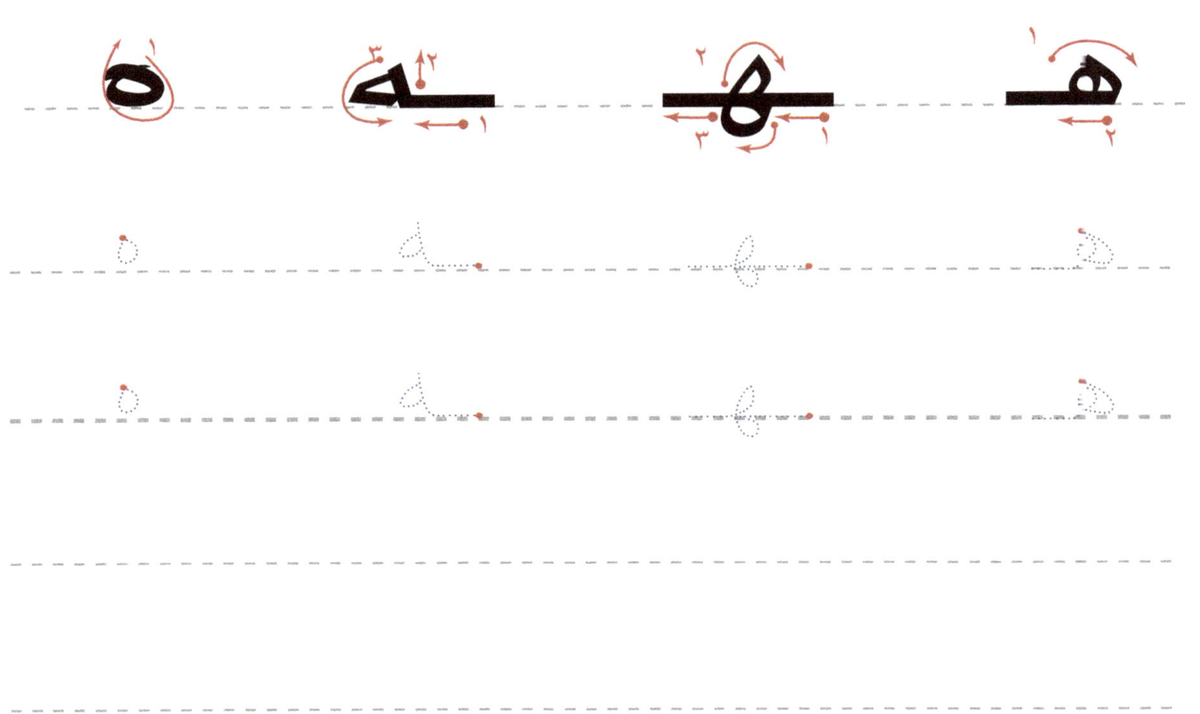

٢ أَخْتارُ شَكْلَ حَرْفِ الْهاءِ الْمُناسَبَ ، وَأَكْتُبُهُ تَحْتَ الصّورَةِ مَعَ الْحَرَكَةِ الْمُناسِبَةِ، (ـُـ، ـِ، ـَ، ـْـ):

وَجْـ...

...اتِف

...لال

مِيّا...

نَـ......ر

أَزْ...ار

الدَّرْسُ الثَّاني

الهمزة

أَوَّلًا: التَّذَكُّرُ السَّمعيُّ النُّطقيُّ:

١ أُصغي إِلى الْكَلِماتِ الَّتي يَلْفِظُها الْمُعَلِّمُ، وَأَنْتَبِهُ إِلى مَخْرَجِ حَرْفِ (الْهَمْزَةِ) وَأُصَفِّقُ عِنْدَ سَماعِيَ صَوْتَ (الْهَمْزَةِ):

هَنٰاء	دُعاء	إِياد	بَهاء	أُمّي

السَّماء   أَخي   أُخْتي   أَبي

٢ أَقْرَأُ جُمَلًا جَديدَةً وَأُكافِئُ نَفْسي وَأَرْسُمُ وَجْهًا باسِمًا في الدّائِرَةِ:

> كُرَةٌ حَمْراءُ.   سَماءٌ زَرْقاءُ.
>
> كُرَةٌ سَوْداءُ.   أَعْشابٌ خَضْراءُ.

ثانِيًا: التَّذَكُّرُ الْبَصَرِيُّ:

أَقْرَأُ الْكَلِماتِ الآتِيَةَ، ثُمَّ أُلَوِّنُ الْوَرْدَةَ أَسْفَلَ الْكَلِماتِ الَّتي وَرَدَتْ فيها (الْهَمْزَةُ):

أَزْرَقُ   آكُلُ   أُسْرَةٌ   إيمانُ   حَمْراءُ

ثالثًا: التَّذَكُّرُ الْعَضَلِيُّ: (الْكِتابَةُ):

١ أَكْتُبُ (الْهَمْزَةَ) بِخَطٍّ جَميلٍ مُرَتَّبٍ عَلى السَّطْرِ:

أ

ء

٢ أَخْتارُ شَكْلَ الْهَمْزَةِ الْمُناسَبَ (أَ، أُ، إِ، ءُ) وَأَكْتُبُها في الْفَراغِ، ثُمَّ أَقْرَأُ:

سَما...

...بْريقٌ

...سَدٌ

...ْبَرَةٌ

...سُرَةٌ

...٠رْنَبٌ

الدَّرْسُ الثّالِثُ   حَرْفُ الضّادِ

أَوَّلًا: التَّذَكُّرُ السَّمْعِيُّ النُّطْقِيُّ:

١ أُصْغي إِلى الْكَلِماتِ الّتي يَلْفِظُها الْمُعَلِّمُ وَأُصَفِّقُ عِنْدَ سَماعِيَ صَوْتَ الْحَرْفِ (ض):

ضُحَى	عِمادٌ	ضِرارٌ	أَحْضَرَ
أَشْتالَ	خَضْراءُ	يَدْرُسُ	تَنْضُجُ

٢ أَقْرَأُ كَلِماتٍ جَديدَةً وَأُكافِئُ نَفْسي وَأَرْسُمُ وَجْهًا باسِمًا في الدّائِرَةِ:

أَرْضٌ	ضِرْسٌ	ضَبْعٌ	ضِفْدَعٌ

ثانِيًا: التَّذَكُّرُ الْبَصَرِيُّ:

١ أَقْرَأُ جُمَلًا جَديدَةً وَأُكافِئُ نَفْسي وَأَرْسُمُ وَجْهًا باسِمًا في الدّائِرَةِ:

- نَصومُ في شَهْرِ رَمَضانَ.
- بَيْضُ الدَّجاجِ مُفيدٌ.
- أَضَعُ قَلَمي عَلَى الطّاوِلَةِ.
- لَوْنُ الْقُطْنِ أَبْيَضُ.

٢ أَرْسُمُ دائِرَةً حَوْلَ حَرْفِ الضّادِ (ضـ ، ض):

ضـ   ص   ض   ط   ض   س   ضـ   ص   ض

٣ أَرْسُمُ دائِرَةً حَوْلَ حَرْفِ الضّادِ (ضـ ، ض) في الْجُمَلِ السّابِقَةِ :

٤ أَقْرَأُ ثُمَّ أُلَوِّنُ الشَّكْلَ الَّذي يَحْوي كَلِمَةً فيها حَرْفُ (ض) بِاللَّوْنِ الْأَخْضَرِ، وَ الشَّكْلَ الَّذي يَحْوي كَلِمَةً فيها حَرْفُ (ص) بِاللَّوْنِ الْأَصْفَرِ:

صابِرُ   أَرْضُ   أَصْفَرُ   ضَبابٌ   أَبْيَضُ

٥ أَكْتُبُ حَرْفَ (ض ، ضـ) مَعَ الْحَرَكَةِ الْمُناسِبَةِ في الْفَراغِ في الْفِقْرَةِ الْآتِيَةِ:

أُحِبُّ أَرْ...نا الْخَـ...راءَ، وَأُحِبُّ اللَّوْنَ الْأَبْيَـ...، وَأُحِبُّ تَناوُلَ الْبَيْـ... الْمَسْلوقِ، ولا أُحِبُّ الـ...بابَ وَأَخافُ مِنَ الـ...بْعِ.

رابعًا: التَّذَكُّرُ الْعَضَلِيُّ / الْكِتابَةُ:

١ أَكْتُبُ الْحَرفَ (ض) بِخَطٍّ جَميلٍ مُرَتَّبٍ عَلَى السَّطْرِ:

حِوار الأحرف

يُحْكى أَنَّ الْحُروفَ الْهِجائِيَّةَ تَجَمَّعَتْ كُلُّها لِلَّعِبِ مَعَ (ال)، فَالْحُروفُ تُحِبُّ اللَّعِبَ مَعَها، لِأَنَّ اللَّعِبَ مَعَها مُمْتِعٌ جِدًّا وَفيهِ تَحَدٍّ، خاصَّةً عَنْدَما تَلْتَقي الْحُروفُ في مَلْعَبِ الْكَلِماتِ لِلَّعِبِ مَعًا، وَتَكْوينِ الْكَلِماتِ الْجَميلَةِ، ولكِنَّ (ال) لا تَسْتَطيعُ اللَّعِبَ مَعَ كُلِّ الْحُروفِ فَهيَ كَثيرَةٌ.

شاهَدَ كُلٌّ مِنَ الشَّمْسِ وَالْقَمَرِ (ال) وَهيَ مُحْتارَةٌ.

قالَ الْقَمَرُ وَهُوَ يُحاوِلُ الْاقْتِرابَ مِنْ (ال): ما بِكُمْ؟

الشَّمْسُ: هَلْ نُساعِدُ صَديقَتَنا (ال)، حَتى تَلْعَبَ مَعَ الْحُروفِ؟

وَضَعَ الْقَمَرُ يَدَهُ فَوْقَ رَأْسِهِ، وَفَكَّرَ قَليلاً ثُمَّ قالَ:

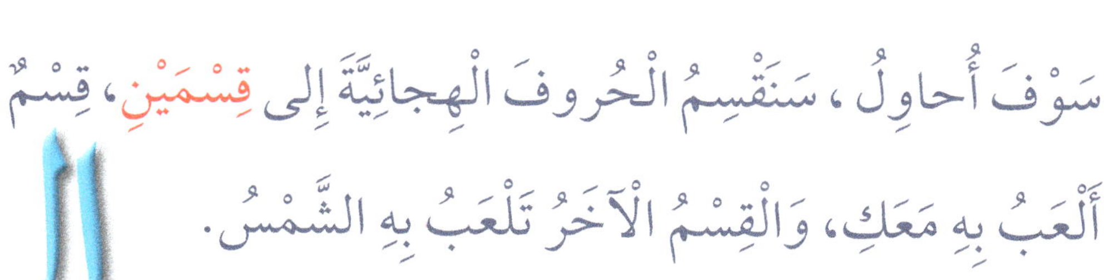

سَوْفَ أُحاوِلُ، سَنَقْسِمُ الْحُروفَ الْهِجائِيَّةَ إِلى قِسْمَيْنِ، قِسْمٌ أَلْعَبُ بِهِ مَعَكِ، وَالْقِسْمُ الْآخَرُ تَلْعَبُ بِهِ الشَّمْسُ.

قالَتِ الشَّمْسُ: أُوافِقُ، وَحَتّى يَكونَ لَفْظُ الْحُروفِ صَحيحًا

وَنُشَكِّلُ فَريقًا نُسَمّيهِ فَريقَ (اللّامِ الشَّمْسِيَّةِ).

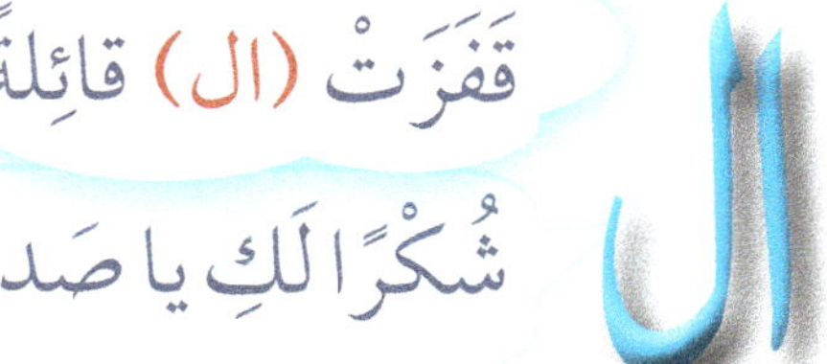

شُكْرًا لَكِ يا صَديقَتي الشَّمْسُ الطَّيِّبَةُ.

رَدَّتِ الشَّمْسُ:

وَسَأُقَدِّمُ لِفَريقِ حُروفِ اللّامِ الشَّمْسِيَّةِ شِعارَ الشَّدَّةِ، وَتُكْتَبُ لِتَضَعَهُ عَلى رَأْسِها عِنْدَما تَأْتي في بِدايَةِ الْكَلِمَةِ بَعْدَ إِضافَةِ حَرْفِ (ال) وَتُصْبِحُ حُروفًا مُضَعَّفَةً. شّ تّ رّ

نَظَرَتِ الشَّمْسُ إِلى حَرْفِ اللّامِ فَوَجَدَتْهُ مُحْتارًا: فَقالَتْ:

ما بِكَ يا صَديقي.

قالَتِ اللّامُ: وَلكِنّي لَنْ أَلْفِظَ! انْظُري فَكَلِمَةُ الشَّمْسِ قَفَزَ الْأَلِفُ إِلى حَرْفِ الشّينِ وَكَذلِكَ في كَلِماتِ: الدّارِ الشَّجَرُ اللَّيْمونُ

ضَحِكَتِ الشَّمْسُ، وَقالَتْ:

نَعَمْ، وَهذا ما يُمَيِّزُ الْحُروفَ الَّتي تَتْبَعُني مِنَ الْحُروفِ الَّتي سَتَتْبَعُ صَديقَنا الْقَمَرَ.

قالَ اللّامُ:

نَعَمْ، فَهِمْتُ، إِذا لَعِبْتُ مَعَ حُروفِكِ فَإِنَّني أُكْتَبُ وَلا أُلْفَظُ، وَيَكونُ الْحَرْفُ الَّذي يَأْتي بَعْدي حَرْفًا مُشَدَّدًا.

ابْتَسَمَتِ الشَّمْسُ وَقالَتْ:

أَحْسَنْتَ، ثُمَّ نَظَرَتْ إِلى الْقَمَرِ، وَسَأَلَتْهُ: وَأَيُّ الْحُروفِ سَتَخْتارُ يا صَديقي؟

دارَ الْقَمَرُ حَوْلَ نَفْسِهِ فَرِحًا، وَقالَ:

سَأُشَكِّلُ مَعْ صَديقَيِ اللّامِ فَريقًا رائِعًا وِبوُجودِ الْحُروفِ

رَدَّ اللّامُ : شُكْرًا لَكَ أَيُّها الْقَمَرُ

الْتَفَتَ الْقَمَرُ إِلَيْهِ وَقالَ لِلْحَرْفِ لام (ل):تَذَكَّرْ أَنَّ ما يُمَيِّزُ فَريقَنا عَنِ الْفَريقِ الْآخَرِ أَنَّكَ تُكْتَبُ وَتُلْفَظُ مَعَ كُلِّ حُروفِ فَريقي أَيُّها اللّامُ الْعَزيزُ، فَاسْمي (الْقَمَرُ) لُفِظَتَ هُنا، أَلَيْسَ كَذلِكَ؟وَأَخْرَجَ الْقَمَرُ مِنْ جُعْبَتِهِ كُرَةً صَغيرَةً ، وَقالَ لِحَرْفِ اللّامِ: سَأُهْديكَ شِعارَ السُّكونِ (ْ) لِتَضَعَهُ تاجًا فَوْقَ رَأْسِكَ كُلَّما لَعِبْتَ مَعْ حُروفي.

مِثْلَ كَلِماتِ:　الْمُعَلِّمِ　الْكِتابِ　الْحِصانِ

فَرِحَ الْجَمِيعُ بِهَذِهِ اللُّعْبَةِ الْجَمِيلَةِ وَفَجْأَةً سَأَلَ الْقَمَرُ

هَلْ تَسْتَطِيعُ الْحَرَكاتُ اللَّعِبَ مَعَنا أَيْضًا .

أَجابَتْ (ال) :

الْحَرَكاتُ

نَعم تَسْتَطِيعُ وبِكُلِّ سُرورٍ

أَمّا التَّنْوِينُ بِأَنْواعِهِ

لا ، فَنَحْنُ (ال) لا نَلْتَقِي مَعَ التَّنوِينِ في أَيِّ كَلِمةٍ أَثناءَ اللَّعِبِ وَتَشْكِيلِ الْكَلِماتِ ، لِأَنَّ لِقاءَنا يَجْعَلُ لَفْظَ الْكَلِمةِ ثَقِيلًا وَغَيْرَ جَمِيلٍ .

قال الْقَمَرُ :

آه فَهِمْتُ هَيّا لِنَبْدَأِ اللَّعِبَ الْآنَ.

فَرِحَ الْجَمِيعُ : وَبَدَؤوا اللَّعِبَ بِفَرَحٍ وسُرورٍ.

١ أَقْرَأُ الْكَلِماتِ الْآتِيَةَ، وَأَرْسُمُ () أَمامَ اللّامِ الشَّمْسِيَّةِ، وَ( ) أَمامَ اللّامِ الْقَمَرِيَّةِ كَما في الْمِثالِ.

ال ال

الْمُعَلِّمُ

- يُحِبُّ الْمُعَلِّمُ تَلاميذَهُ.
- الدّارُ واسِعَةٌ.
- ساحَةُ الْمَدْرَسَةِ نَظيفَةٌ.
- لَوْنُ زَهْرَةِ الرُّمّانِ جَميلٌ.
- الْقُدْسُ عاصِمَةُ فِلَسْطينَ.
- الشَّجَرَةُ مُثْمِرَةٌ.

٢ أُضيفُ (ال) التَّعْريفِ إِلى الْكَلِماتِ الَّتي تَحْتَها خَطٌّ.

❀ أَلْعَبُ في ساحَةٍ كَبيرَةٍ

❀ هذِهِ وجبَةٌ لذيذَةٌ

٣ أَقْرَأُ الْكَلِماتِ الْآتِيَةَ وَأَرْسُمُ السُّكونَ أَوِ الشَّدَّةَ، فَوْقَ الْحَرْفِ الْمُناسِبِ:

التفاح	الليمون
الرمان	الجمل
الجمعة	البرتقال

حَرْفُ الصَّادِ   الدَّرْسُ الْأَوَّلُ

صد صد
صــ صد

أَوَّلًا: التَّذَكُّرُ السَّمْعِيُّ النُّطْقِيُّ:

١ أُصْغِي إِلَى الْكَلِمَاتِ الَّتِي يَلْفِظُها الْمُعَلِّمُ وَأُصَفِّقُ عِنْدَ سَماعِيَ صَوْتَ الْحَرْفِ (ص):

قِصَصٌ   سَيَّارَةٌ   قِصَّةٌ   قَفَصٌ   السَّيْفُ   يَصِلُ

٢ أَقْرَأُ جُمَلًا جَدِيدَةً وَأُكافِئُ نَفْسِي وَأَرْسُمُ وَجْهًا باسِمًا في الدَّائِرَةِ:

🌼 فَصْلُ الصَّيْفِ.   🌼 صُنْدوقُ الْقِصَصِ.   🌼 أَعْشابٌ خَضْراءُ

ثانِيًا: التَّذَكُّرُ الْبَصَرِيُّ:

١ أَرْسُمُ دائِرَةً حَوْلَ حَرْفِ الصَّادِ:

ص   ض   ض   صـ   ط   ضـ   ص   ط   ص

٢ أَقْرَأُ الْجُمَلَ الْآتِيَةَ، ثُمَّ أَضَعُ دائِرَةً حَوْلَ الْحَرْفِ (ص) بِأَشْكالِهِ الْمُخْتَلِفَةِ:

❀ الصَّديقُ وَقْتَ الضّيقِ.

❀ الصّوصُ لَوْنُهُ أَصْفَرُ.

❀ نَصومُ في شَهْرِ رَمَضانَ.

❀ نَصْنَعُ الْخُبْزَ مِنَ الطَّحينِ.

٣ أَقْرَأُ ثُمَّ أُلَوِّنُ الشَّكْلَ الَّذي يَحْوي كَلِمَةً فيها حَرْفُ (ص) بِاللَّوْنِ الْأَخْضَرِ، وَ الشَّكْلَ الَّذي يَحْوي كَلِمَةً فيها حَرْفُ (ض) بِاللَّوْنِ الْأَصْفَرِ:

ضُيوف   صُفوف   ضَيْف   قِصَّة   فَضَّة

٤ أَقْرَأُ الْكَلِماتِ الْآتِيَةَ وَأَسْتَبْدِلُ حَرْفَ (ص) بِالْحَرْفِ الْمُلَوَّنِ لِأَحْصُلَ عَلَى كَلِمَةٍ جَديدَةٍ، كَما في الْمِثالِ:

	صوص	صيامَ	صَبَرَ	صائِد
	ت	ن	ع	س
	ـــــــ	ـــــــ	ـــــــ	سائِد

ثالثًا: التَّذَكُّر الْعَضَليّ: (الْـكِتابَةُ):

١ أَكْتُبُ الْحَرْفَ (ص) بِخَطٍّ جَميلٍ مُرَتَّبٍ عَلى السَّطْرِ:

٢ أَمْلَأُ الْفَرَاغَ بِحَرْفِ (ص) :

عِنْدَ عَمّي ....ابِرٌ حِ....انٌ بُنِّيٌّ وَ عُ....فورٌ جَميلٌ.

يُحِبُّ عَمّي الـ....َّيْدَ في فَ....ْلِ الـ....َّيْفِ.

عَمّي ....َيّادٌ ماهِرٌ.

٣ أَنْظُرُ إِلى الصُّوَرِ الآتِيَةِ ، ثُمَّ أَكْتُبُ شَكْلَ حَرْفَ الصّادِ الْمُناسِبَ (صــ ، ص) في الْفَراغِ ، بِرَسْمِهِ الصّحيحِ :

حِ....انٌ

....َيّادٌ

عُ....فورٌ

مِقَ....ٌّ

٤ أَكْتُبُ كَلِمَتَيْنِ:

تَبْدَأانِ بِحَرْفِ الصّادِ	في وَسَطِهِما حَرْفُ الصّادِ	في آخِرِهِما حَرْفُ الصّادِ
ـــــــــــــ	ـــــــــــــ	ـــــــــــــ
ـــــــــــــ	ـــــــــــــ	ـــــــــــــ

الدَّرْسُ الثَّاني   حَرْفُ الْغَيْنِ

أَوَّلًا: التَّذَكُّرُ السَّمْعِيُّ النُّطْقِيُّ:

١ أُصْغي إِلى الْكَلِماتِ الَّتي يَلْفِظُها الْمُعَلِّمُ وَأُصَفِّقُ عِنْدَ سَماعِيَ صَوْتَ الْحَرْفِ (غ)

مَغْرِبٌ   الْغَرْبُ   عُشْبٌ   غُيومٌ   الْمَلابِسُ

٢ أَقْرَأُ جُمَلًا جَديدَةً وَأُكافِئُ نَفْسي وَأَرْسُمُ وَجْهًا باسِمًا في الدّائِرَةِ:

❀ شاهَدْتُ غُروبَ الشَّمْسِ.   ❀ أُحِبُّ قِصَّةَ الْغُرابِ وَالْجَرَّةِ.

❀ أَخي الصَّغيرُ عامِرٌ.

ثانِيًا: التَّذَكُّرُ الْبَصَريُّ:

١ أَرْسُمُ دائِرَةً حَوْلَ حَرْفِ الْغَيْنِ:

غـ   خ   ع   غـ   خـ   غـ   ح   غ   خ   غ

٢ أَقْرَأُ الْجُمَلَ الْآتِيَةَ، ثُمَّ أَضَعُ دَائِرَةً حَوْلَ الْحَرْفِ (غ) بِأَشْكَالِهِ الْمُخْتَلِفَةِ:

جَلَسَ راغِبٌ وَغالِبٌ تَحْتَ الشَّجَرَةِ.

هَبَطَ الْغُرابُ عَلَى الْأَرْضِ.

الْعُصْفورُ صَغيرٌ.

غَسَلَتْ أُمّي الْمَلابِسَ.

٣ أَقْرَأُ ثُمَّ أُلَوِّنُ الشَّكْلَ الَّذي يَحْوي كَلِمَةً فيها حَرْفُ (ع) بِاللَّوْنِ الْأَخْضَرِ، وَالشَّكْلَ الَّذي يَحْوي كَلِمَةً فيها حَرْفُ (غ) بِاللَّوْنِ الْأَصْفَرِ:

عِتاب   غِياب   عِنَب   غَيْب   غَرْب   عَرَب

٢ أَنْظُرُ إِلى الصُّوَرِ الْآتِيَةِ، ثُمَّ أَكْتُبُ شَكْلَ حَرْفِ الْغَيْنِ الْمُناسِبَ (غـ، غ) في الْفَراغِ، بِرَسْمِهِ الصَّحيحِ:

... يومٌ   رَ...يفٌ   ....راب   صَمْـ...

ثالثًا: التَّذَكُّر الْعَضَليّ: (الْكتابةُ):

١ أَكْتُبُ الْحَرْفَ (غ) بِخَطٍّ جَميلٍ مُرَتَّبٍ عَلى السَّطْرِ:

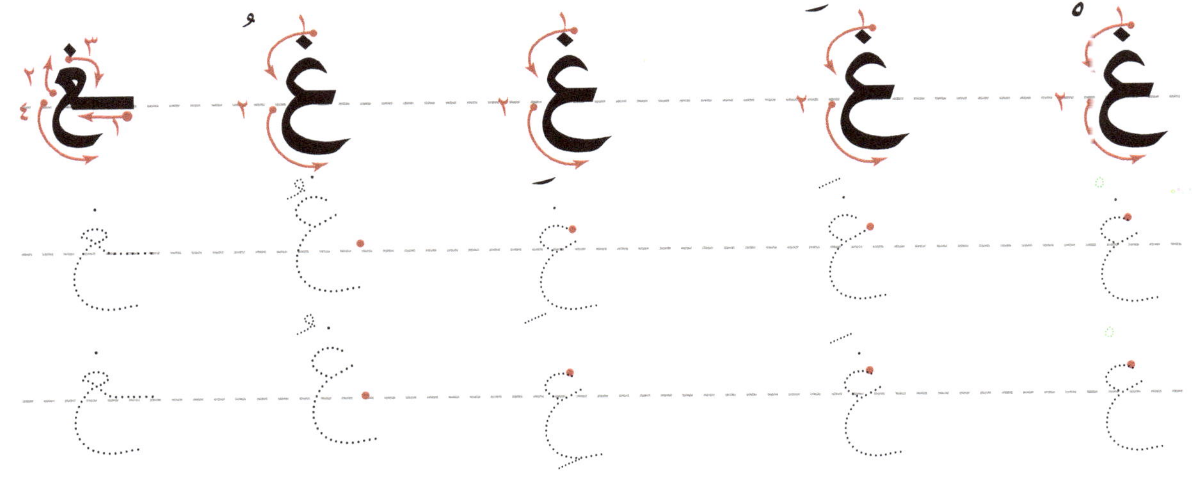

الدَّرْسُ الثّالِثُ   حَرْفُ الظّاء

أَوَّلًا: التَّذَكُّرُ السَّمعيُّ النُّطقيُّ:

١ أُصغي إِلى الكَلِماتِ الّتي يَلفِظُها الْمُعَلِّمُ وَأُصفِّقُ عِنْدَ سَماعِيَ صَوْتَ الْحَرفِ (ظ)

النَّظافَة   يَذْهَبُ   مَظْهَرُنا   يَذوبُ   نُحافِظُ

٢ أَقرأُ جُمَلًا جَديدَةً وَأُكافِئُ نَفسي وَأَرسُمُ وَجْهًا باسِمًا في الدّائِرَةِ:

أُحِبُّ النَّظافَةَ في كُلِّ شَيءٍ.   ظافِرٌ طالِبٌ نَشيطٌ.

نَحْنُ نُحافِظُ عَلى نَظافَةِ مَظْهَرِنا.

ثانِيًا : التَّذَكُّرُ الْبَصَريّ:

١ أَقرأُ الْجُمَلَ الآتِيَةَ، ثُمَّ أَضَعُ دائِرَةً حَوْلَ الْحَرفِ (ظ) بِأَشكالِهِ الْمُخْتَلِفَةِ:

النَّظافَةُ مِنَ الْإيمانِ .

أَنا وَأُختي نُنَظِّفُ الْحَديقَةَ .

رَكِبَ ظاهِرٌ عَلى ظَهرِ الْفَرَسِ.

حرف الظّاء

ظ ظ

٢ أَرْسُمُ دائِرَةً حَوْلَ حَرْفِ الضّادِ (ظـ):

ظ	ط	ذ	ط	ض	ظ	ص

٣ أَقْرَأُ ثُمَّ أُلَوِّنُ الشَّكْلَ الَّذي يَحْوي كَلِمَةً فيها حَرْفُ (ط) بِاللَّوْنِ الْأَخْضَرِ، وَ الشَّكْلَ الَّذي يَحْوي كَلِمَةً فيها حَرْفُ (ظ) بِاللَّوْنِ الْأَصْفَرِ:

ظَلالٌ   ظِلالٌ   ظَريفٌ   طَريفٌ

ظاهِرٌ   طاهِرٌ

٤ أَحْذَفُ حَرْفَ (ظ) مِنَ الْكَلِمَةِ، وَأَكْتُبُ الْكَلِمَةَ النّاتِجَةَ في الْفَراغِ

ظُهْرٌ → _________

ظَلامٌ → _________

ظَرْفٌ → _________

ظَريفٌ → _________

مِنْظارٌ → _________

ثالثًا: التَّذَكُّر الْعَضَلِيّ: (الْكِتَابَةُ):

١ أَكْتُبُ الْحَرْفَ (ظ) بِخَطٍّ جَمِيلٍ مُرَتَّبٍ عَلَى السَّطْرِ:

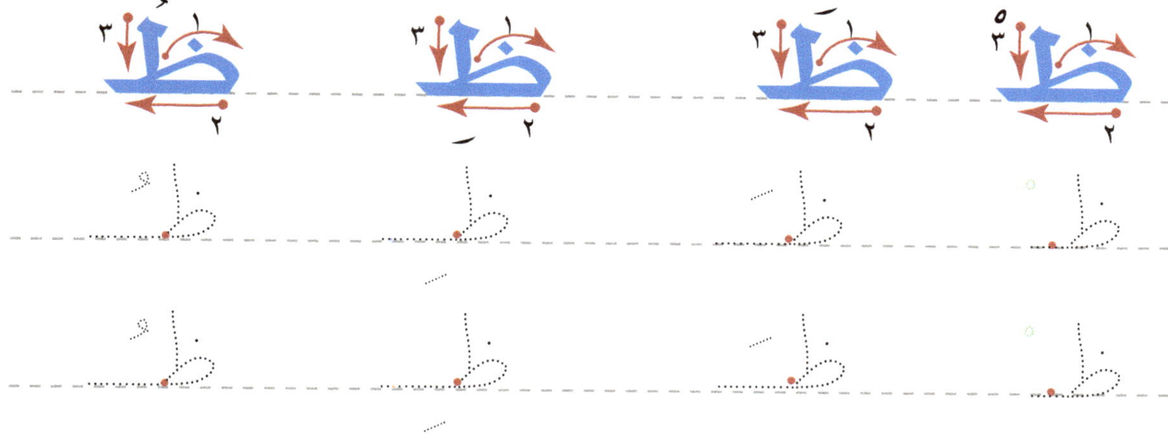

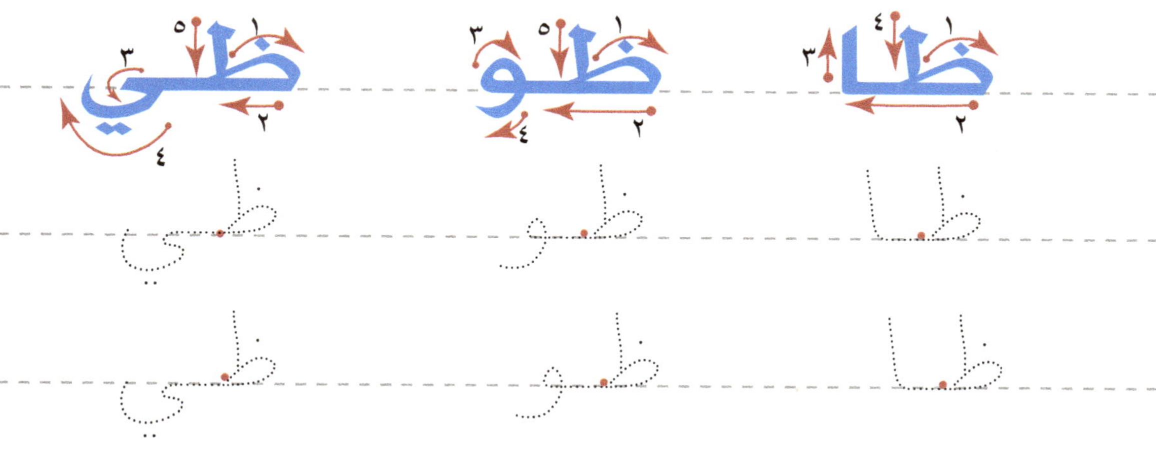

٢ أَكْتُبُ شَكْلَ حَرْفِ (ظ) الْمُنَاسِبَ مَعَ الْحَرَكَةِ الْمُنَاسِبَةِ ثُمَّ أَكْتُبُهُ في الْفَرَاغِ وَأَقْرَأُ:

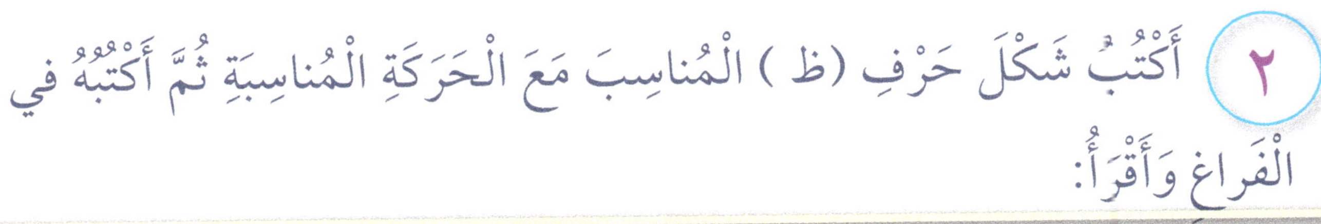

أَنا اسْمي ...افِر، عِنْدَ الـ...ـهْرِ، أَجْلِسُ في ...ـلّ شَجَرَةِ التّين، أَرْسُمُ ...بِيًا، أُقَلِّمُ أَ...افِري، أَكْتُبُ مَلاحَـ...اتي، ثُمَّ أَنـ... فُ مَكاني، وَأَعودُ إلى بَيْتي.

٣ أَكْتُبُ جُمْلَةً تَبْدَأُ بِاسْمٍ فيهِ حَرْفُ (ظ) كَما في الْمِثالِ: